Maik Lindner

–

Gedanken-Welten
Provozierende Weisheiten & Wortspieldichtungen

Maik Lindner

Gedanken-Welten

Provozierende Weisheiten &

Wortspieldichtungen

Impressum:

Erscheinungszeitraum:
1. Auflage 2024

Autor: Maik Lindner
c/o SP-Day.de Impressum-Service Dr. Lutz Kreutzer
Hauptstraße 8
83395 Freilassing
Lindner-Buch@web.de

Korrektorat: Lektorat Anne Usadel M.A.: www.anne-usadel.de
Coverdesign: Christine Lipovec
Textsatz & Layout: Daniela Rohr / www.skriptur-design.de

Bildnachweis: Porträt: Privatarchiv Maik Lindner

ISBN: 9798339750864
Imprint: Independently published

Bibliografische Informationen der Deutschen Nationalbibliothek:
Die Deutsche Nationalbibliothek verzeichnet diese Publikation in der Deutschen Nationalbibliografie. Detaillierte Informationen hierzu sind im Internet über dnb.de verfügbar.

Den seltsamen Windungen
und Wendungen des
Lebens gewidmet.

Inhalt

Vorwort

Es heißt, unsere Gedanken spiegeln unser Innerstes wider. Besonders wir Lyriker, Autoren oder Denker wissen das. Nun zum Zeitpunkt der Entstehung dieses Buches beschäftigte ich mich mit verschiedenen Projekten und aktuellen gesellschaftlichen Themen. Beispielsweise wohin der Weg der Wissenschaft uns angesichts technischer Neuerungen wie Künstlicher Intelligenz oder moderner KI-Waffensysteme, dem Ukraine-Krieg usw. noch führen wird. Und was aus uns in einer Welt werden wird, die technisch bald so weit fortgeschritten ist, dass der Mensch mit der Technologie immer mehr verschmilzt.

Wo wird das zarte, zerbrechliche und verletzliche Geschöpf namens Mensch dann noch seinen Platz finden? Wo der einfache Dichter, Denker und Philosoph sich ausdrücken, wenn KI bereits Gemälde malt, Schachweltmeister besiegt oder vielleicht auch Gedichte schreibt? Als Philosoph und Sachbuchautor schrieb ich dazu Blogbeiträge, verfasste kleine Beitragsreihen und Redaktionspläne und produzierte kleine Filme. Schwere Kost für einen eigentlich philosophisch angehauchten Dichter, Denker, Freigeist und Nichtwissenschaftler wie mich.

Bei all dem eher wissenschaftlich faktenbezogenen Tun meldete sich aber glücklicherweise oftmals spontan – wie eine Art Rettungsanker – immer wieder meine lyrische Seite. Worin ich – wie der Leser auch etwas spüren wird – einige dieser zeitgemäßen wie zeitlosen Gedanken „verarbeitete“. Was mich davor bewahrte, mich nicht gänzlich in dieser kühlen, wissenschaftlichen Faktenwelt zu verlieren und mich wieder in eine völlig andere Welt entführte. Eine Welt, die im Grunde mehr meiner Natur und meinem Wesen als Mensch entspricht und mehr oder weniger verschüttet – in uns allen ruht.

So entstand parallel zu meinen anderen Projekten dieses kleine Werk mit einer bunten Vielfalt an provozierenden Weisheiten, Gedichten und Gedankenspielen, in kurzer verspielter oder üppiger Form, die ich nun als weiteres kleines Werk im individuellen Schreibstil der Öffentlichkeit präsentiere.

Gedanken, die mehr in die Tiefe des eigenen Seins führen und über das menschliche Dasein reflektieren und hinausführen (möchten). Einer Welt, aus der, wie ich im Laufe meines Lebens immer wieder begriff, alles entspringt.

Vielleicht gelingt es mir damit, die Leser nicht nur zu inspirieren, oder nachdenklich zu stimmen, sondern an einen magischen Ort, der jenseits all dieser – oder symbolisch auch zwischen diesen – zeitgemäßen oder zeitlosen Worte liegt, zu führen. Dorthin, wo alles beginnt …

Kapitel 1

Narrenweisheiten

Mensch sei kein Narr, so sagt man.
Und doch sind wir es alle – Narren,
die glauben, etwas zu wissen,
obwohl wir noch so viel zu lernen haben.

Oftmals ist es so, dass diejenigen,
die wir Narren nennen, große Geister sind, welche
Fortschritt und Evolution für uns alle vorwärtsbringen,
worüber unwissende Menschen sich zuerst beklagen,
während sie später die Nutznießer sind.

Die größten Narren
sind die Gelehrten,
da sie trockenes Wissen mit
lebendiger Erfahrung verwechseln.

Jeder trägt einen Narren in sich;
nur nicht jeder möchte es wahrhaben!

Wenn ein intelligenter Außerirdischer
zur Erde käme, würde er eine Welt
voller Narren sehen.

In einer Welt voller Scheuklappen, die Angst hat,
Fehler zu machen, ist der Narr der König,
da er sich traut, aus der Reihe zu tanzen.

Sind kleine Kinder Narren,
weil sie so viele Fehler machen?
In der Tat!

Sind Erwachsene Narren,
weil sie sich nicht mehr trauen,
wie kleine Kinder zu sein?
In der Tat!

Sind wir allesamt Narren,
weil wir so voller Ängste, Selbstzweifel
und Überheblichkeit sind?
In der Tat!

Woran erkennt man dann einen wahren Narren?
Der Narr weiß, wer er ist,
der Überhebliche nicht!

Kleine Narren verurteilen wir,
großen erlauben wir, sich mit
gutbezahlten Anwälten
davonzuschleichen.

Der Weg des Weisen
führt oftmals über die
Unwissenheit hin
zum närrischen Treiben.

Wenn wir jedes närrische Treiben
verurteilen würden, gäbe es bald
keine Richter und freie Menschen mehr,
sondern nur überfüllte Gefängnisse.

Die Geschichte zeigt,
dass die größten Narren immer nach
der größten Gefolgschaft streben,
während der einfache Narr – allein auf sich
gestellt – recht glücklich und zufrieden ist.

Unter den Narren gibt es
– jene, die wissen, wer sie sind,
– jene, die es noch nicht wissen,
– jene, die es bald wissen werden
– und jene, die nicht wahrhaben
oder einsehen wollen, wer sie sind.

Ein Weiser weiß,
ein Gelehrter zweifelt,
ein Narr lacht.

Wenn wir einen Narren zwischen
einem goldenen Palast oder
großartigem Wissen wählen ließen,
würde er sich meist für Letzteres entscheiden,
da er weiß, dass alle großartigen Paläste
erst durch großartiges Wissen entstanden sind.

Wahre Größe hat oft
auch etwas Närrisches.

Wem würden wir lieber
das Schicksal der Welt anvertrauen:
– einer größenwahnsinnigen Regierung
voller Atomwaffen, die ihren Vorteil sucht,
– oder einem gutherzigen Narren,
der um das Wohlergehen aller bemüht ist?

Ein Narr impft sein Umfeld mit einer
„ansteckenden Krankheit“, die sich „Wissen“ nennt,
weil er so verdammt viel gesehen und begriffen hat.

Wenn es nur noch gelehrte und „normale“
Menschen gäbe und keine Narren,
gäbe es auch keinen Fortschritt,
weil jeder, der Fortschritt bringt,
oft erst als Narr bezeichnet wird.

Was fasziniert uns am Narren:
– sein exotisches Aussehen,
– sein verrücktes Treiben
– oder sein Mut, einfach nur
anders zu sein?

Der Narr ist ein Bote
für Veränderung und eine Einladung
vom Leben, den Alltagstrott zu verlassen.
Deshalb fordert er uns heraus, wofür
wir ihn hassen oder lieben.

Wer glaubt, in einer Welt,
die mit allem und durch alles
miteinander verbunden ist,
tun und lassen zu können, was er will,
ist ein größerer Narr, als es Worte
jemals ausdrücken können.

Ist die Schwalbe ein Narr, weil sie
nach Süden zieht? Oder der Eisbär einer,
weil er im kalten Norden lebt?
Und doch gibt es unter uns Menschen
viele Narren, die nach allen
Himmelsrichtungen streben,
um dort „sich selbst“ oder ihre
„Bestimmung“ zu finden.

Es geht nichts über ein wenig
ausgelassenes närrisches Treiben.
Doch auch hier gilt die wunderbare
Regel um das goldene Mittelmaß.

Ein Gelehrter studiert die Welt,
ein Narr lebt sie in allen Facetten
– und sei es lediglich in seiner Fantasie.

Wen würden wir lieber einladen:
– einen Gelehrten, der sich in seiner
staubigen Bücherwelt auskennt
– oder einen Narren, der die
große Welt gesehen hat?

Die größte Lehre des Narren
handelt von der Leere;
jenem geheimnisvollen Raum
zwischen Worten und Atomen, von der er
weiß, dass aus ihm alles entspringt.

Der Narr, der auch ein
Eingeweihter ist, kennt drei Zustände:
– den der Unwissenheit, – den des Narren,
– und den des Weisen.

Wenn die Natur sich ständig verändert,
aber der Mensch am Gewohnten festhalten will,
braucht es mutige Narren, die es wagen,
Schritte zu tun, die uns zur Natürlichkeit
zurückfinden lassen.

Der unwissende Narr hinterlässt seinen
Kindern große Imperien und Reichtümer.
Der weise Narr hinterlässt ihnen großartiges Wissen,
fantastische Erfahrungen, schallendes Gelächter,
glänzende Augen und die Liebe zum Leben.

Lebe den Narren
so oft und wo immer Du willst.
Doch achte darauf, dich
darin nicht zu verlieren!

Kapitel 2

Plädoyer für die Liebe

Wenn Liebe tatsächlich käuflich wäre,
gäbe es viele Probleme nicht mehr.

Tötet die Liebe den Kapitalismus
oder der Kapitalismus die Liebe?

Vernunft und Logik haben Grenzen,
Liebe nicht.

Es ist immer einfach zu sagen:
„Ich liebe das Leben“, wenn es uns an nichts mangelt.
Doch das Leben zu lieben, wenn wir innerlich durch die Hölle gehen, zeigt wahres Rückgrat und Meisterschaft.

Es gibt vieles, das vergänglich erscheinen mag,
doch niemals die Liebe.

Wahre Liebe geht über den Tod hinaus.

Die Liebe zum Leben und Werden ist das
einzige, wofür es sich zu leben lohnt.
Alles andere sind nur flüchtige Momente
im ewigen Fluss vom Kommen und Gehen.

Die Wahrheit ist, dass, wenn wir etwas finden, das wir lieben,
wir tatsächlich nur DAS lieben,
was wir sehen und wahrnehmen können.
Also die Reflektion dessen, was wir darin finden können.
Wir lieben immer nur Facetten und meinen dann: Das sei Liebe.

Nur die Natur liebt bedingungslos,
denn sie urteilt nicht und lässt ihre Sonnenstrahlen auf
den Mörder und das Opfer in gleichem Maße fallen.

Wenn die Menschen allesamt
gelernt hätten, so wie die Natur zu lieben,
gäbe es keine Kriege mehr.

Wir können Leid und Zerstörung in Fülle sehen
und dadurch in tiefe Depressionen fallen.
Und doch gibt es einen neuen Morgen mit Vogelgesang.
Als wäre die Liebe des Lebens größer als
alles an Zerstörung und Leid.

Viele Menschen suchen ihr Leben lang nach der Liebe
und vergessen, dass sie in ihrer wahren Natur Liebe sind!

Liebe zu erfahren, ist wundervoll.
Liebe auszudrücken ebenfalls.
Liebe zu sein, das Höchste der Gefühle.

Ein Mensch, dem es an Liebe mangelt,
hat wahrlich noch sehr viel zu lernen.

Liebe hat viele Facetten:
Manchmal ist sie wie ein Schwert,
das sich tief in unser Herz bohrt.
Manchmal wie eine Ohrfeige, die uns wachrüttelt.
Manchmal eine zarte Umarmung oder ein süßer Kuss.

Manche Menschen sagen; „Ich liebe Dich“,
aber meinen: „Bitte liebe mich!“

Sexsucht ist in einer lieblosen Gesellschaft
zu einer Art Kult oder Religion geworden. Doch wenn
Sexsüchtige wahre Liebe erfahren, spielt diese
Sucht keine Rolle mehr.

Menschen, die ständig den Partner wechseln, lieben weder sich noch andere, sondern sind auf der Suche danach. Wenn daraus Kinder entstehen, werden süchtige, egoistische, rastlose Seelen und problembeladene Geister geboren.

Jeder kann nur DAS geben, was er selbst ist. Wenn es uns an Liebe, Verstehen oder Weisheit mangelt, können wir sie auch nicht geben.

Jede Schule oder Zivilisation, die weiterbestehen will, sollte ihren Kindern zuerst Liebe, Toleranz, Respekt und Mitgefühl als Grundbausteine des Lebens vermitteln.

Eine Welt ohne Liebe ist eine totgeweihte Welt.

Kapitel 3

Krieg & Frieden

Was an Wunden im Krieg gerissen,
wird im Frieden wieder geheilt.

Wäre der Mensch nicht aus dem Verständnis
der Einheit allen Lebens gefallen,
hätte es Krieg, Tod und Blutvergießen
niemals gegeben.

Wer Frieden will, sollte aufhören,
überall Bedrohungen zu sehen.

In Kriegszeiten spielt die Schuldfrage immer eine
große Rolle, in Friedenszeiten nicht.

Wenn es auf der Welt keine Kriegsprofiteure gäbe,
hätte die Menschheit längst Frieden gefunden.

Frieden ist stärker als aller Kampf, denn er erlaubt dem Kampf und Blutvergießen zu sein und lässt täglich von Neuem die Sonne erstrahlen.

Der Großteil der Menschen will in Frieden leben, nur ein verschwindend geringer Teil will es nicht.

Wenn es Volksabstimmungen über den Einsatz autonomer und atomarer Waffen gäbe: Wie viele würden wohl „ja“ dazu sagen?

Jeder stolze Krieger, der jemals lebte, sehnte sich irgendwann demütig nach Frieden.

Warum gibt es in einigen Teilen der Welt Krieg und in anderen Frieden?
Weil die dortigen Menschen Krieg führen oder in Frieden leben wollen!

Dauerhafter Frieden ist ein Augenzwinkern entfernt,
wenn alle Menschen ihn stark genug wollen.

Was in Jahrhunderten im friedlichen Miteinander erblühte,
kann in nur einem Augenblick des Krieges zerstört werden.

Der Weise weiß;
nur im Frieden kann alles gedeihen!

Weshalb können Einzelne ganze Armeen in den Tod schicken?
Weil die Menschen durch Angst und Unwissenheit
leicht zu verführen sind.

Es ist immer einfach zu sagen: „tödliche Waffen seien
sicher und handhabbar", wenn man sich im Ernstfall
in atomwaffensichere Bunker zurückziehen kann.

Gibt es eigentlich „gerechte Kriege“,
wenn jeder Krieg auch immer Unrecht erschafft?

Eine Gesellschaft, in der Krieg und Angst
zum guten Geschäft wurden, wird für
lange Zeit keinen Frieden finden.

An manchen Kriegen führt kein Weg vorbei;
wie dem, gegen die Unwissenheit.

Es gibt etwas Großes, das es wert ist,
beschützt zu werden: Die Freiheit des Denkens,
welche die Vielfalt des Lebens spiegelt.

Der größte Gegner, der uns täglich Krieg
gegen das Leben führen lässt, ist die Angst.

Nur ein Mensch ohne Angst
findet dauerhaften Frieden.

Der Moment des Erwachens
ist der Moment dauerhaften Friedens.

Frieden ist nicht gleich Frieden; da gibt es
Abstufungen von Vergänglichkeit bis Ewigkeit.

Niemand will Krieg, so sagen wir.
Und doch führen wir ihn täglich in unseren
Gedanken, dann mit Worten und später in Handlungen.

Warum führt ein Weiser keinen Krieg gegen sich
und andere? Weil er sich selbst „erobert"
und in allem gefunden hat.

Millionen Krieger können niemals
einen im Frieden bezwingen.

Krieg und Frieden,
Liebe und Hass,
Aufstieg und Fall,
Wachstum und Leben,
Zerstörung und Vergehen …
– sie alle entstehen im großen
schöpferischen Gedanken.

Kapitel 4

Gedanken kontrollieren die Welt

Identität

Sag mir, was Du
denkst, liest, hörst, siehst,
womit Du Dich beschäftigst
und mit wem Du Dich „triffst“
– und ich sage Dir, wer Du bist.

Gefängnis

Sperr all die wunderschönen Gedanken
in ein dunkles Verlies und Du wirst
eine Welt ohne Licht, Freude
und Zuversicht vorfinden.

Profit

Die Medien und das Militär
profitieren mehr von der
Berichterstattung über Krieg,
Chaos und Blutvergießen
als über den Abschluss
von Friedensverträgen.

Fokus

Lass einer alten Frau im Park die Handtasche gestohlen werden und es erscheint fett gedruckt in den Nachrichten. Lass tausend Menschen dort jahrelang ohne Schrecken vorübergehen und es erscheint seltsamer Weise nicht.

Illusion

Ein Mensch, der jeden Tag auf allen „Kanälen“ nur Schlechtes sieht, glaubt irgendwann, die Welt sei ein schlechter, dunkler Ort, obwohl gleichzeitig auch unglaublich viel Schönes geschieht.

Kontrolle

Gib mir die Kontrolle über die Medien und DAS, was Menschen denken. Und ich könnte sie befreien oder versklaven, selbst wenn sie meinen, „frei und selbstbestimmt“ zu sein.

Macht

Wer Gedanken, Einstellungen oder Meinungen kontrolliert,
kontrolliert Handlungen.
Wer Handlungen kontrolliert,
kontrolliert Ereignisse.
Wer Ereignisse kontrolliert,
kontrolliert die Welt.

Weisheit

Wenn unsere Medienberichterstatter allesamt
weise wären, wäre die Welt aus buddhistischer
und spiritueller Sicht längst ein erleuchteter Ort.

Krankheit

Die größten Krankheiten
werden nicht durch
Viren übertragen oder durch
Krebs und anderes ausgelöst,
sondern entstehen durch Mangel
an helfenden Informationen.

Paradoxon

Wenn wir von morgens bis abends
pausenlos eingeredet bekämen,
eine tödliche Krankheit schlimmer
als die Pest würde kommen, alle
Gegenstimmen leugnen und ignorieren,
obwohl im Nachhinein mehr als 99 Prozent
nicht daran starben, werden viele es dennoch
glauben (wollen), weil wir konditioniert sind,
Gefahren zu sehen, wo keine sind.

Irrtum

Wer Querdenken verflucht,
verflucht eigentlich Fortschritt
und Evolution, denn jede geistige oder
wissenschaftliche Neuerung wird und wurde
durch Querdenken geboren.

Selbst Denken

Es gibt jene, die selbst denken
und jene, die Vorgedachtes
lediglich wiederholen. Einige
davon sogar mit Doktortitel.

Kapitel 5

Wenn Wissenschaft (nicht nur) Wissen schafft

Eine Zivilisation, die
mehr Geld, Zeit und Energie in
militärische statt zivile Forschung
investiert, ist dem Untergang geweiht.

Es gibt jene Wissenschaftler,
die dem menschlichen Fortschritt
und jene, die dem schnöden Mammon dienen.

Ein „wahrer Wissenschaftler" fühlt sich
gedrängt, stets das Unbekannte bekannt zu machen.
Der Illusionist hingegen wiederholt lediglich Bekanntgemachtes
und läuft damit Gefahr, in der Vergangenheit stecken zu bleiben.

Religiöser und wissenschaftlicher Fanatismus
sind das Gefährlichste, was Fortschritt
und Evolution passieren kann.

Die meisten Menschen profitieren
lieber von neuen wissenschaftlichen Erkenntnissen,
als selbst wissenschaftlich-experimentell kreativ zu sein,
da Bequemlichkeit zu ihrem Lebenssinn geworden ist.

Wenn wir beginnen, durch Wissenschaft alles
menschlich Machende zu eliminieren, werden wir
bald in einer roboterähnlichen Welt, die Wiederholung
liebt und Evolution nicht mehr kennt, gefangen sein.

Ein einfacher Bauer, der sein Land, seine Familie,
seine Tiere und die Erde liebt und achtet, versteht
oftmals mehr vom Leben, als ein hochdekorierter
Wissenschaftler jemals verstehen kann.

Wir müssen damit aufhören, Wissenschaft als Erlöser
zu sehen. Denn Erlösung kommt von innen, nicht von
außen; indem wir krankmachendes Verhalten loslassen
und es nicht wissenschaftlich-intellektuell zerpflücken!

Verletzlichkeit ist eine große Stärke,
keine Schwäche, die es „wissenschaftlich empfohlen“,
zu eliminieren gilt. Alle erdbebensicheren Gebäude
sind durch Verletzlichkeit entstanden!

Genauer betrachtet, ist jeder Mensch,
der das Unbekannte bekannt macht
und dabei Neues entdeckt,
ein Wissen(s)-Schaff(tl)er.

Unter den Wissenschaftlern und Nobelpreisträgern
gibt es auch jene kuriosen Zeitgenossen,
die einfach die Natur beobachtet und studiert haben
und nicht den „rein wissenschaftlich“
geprägten Weg gegangen sind.

Mit Wissenschaftlern und Erfindern
verhält es sich wie mit Visionären und Propheten:
Man weiß nie, was bei ihnen als nächstes kommt!

Offenheit und Forscherdrang charakterisieren
den „echten Wissenschaftler“ und die
Bereitschaft, durch eine „geistige Hölle“
vorgefasster Glaubensmuster zu gehen.

Wissenschaftler kommen an viele Weggabelungen,
deren Abzweigungen zu befreienden Erkenntnissen
oder zur puren Verzweiflung führen.

Warum haben wir kein Genie in unserem Bekanntenkreis?
Vielleicht, weil wir lediglich mit dem Gewöhnlichen zufrieden sind.

Kinder und Wissenschaftler sind sich gar nicht so unähnlich:
Teilen sie doch dieselbe Leidenschaft – das Leben immer wieder
aus neuen, aufregenden Blickwinkeln zu sehen.

Lass ein Kind und einen Forscher
allein in einem Raum zurück und es
wird nur heiteres Verständnis geben.

Die treibenden Kräfte hinter allem,
was erfunden wurde und noch erfunden wird,
sind neben der Not meist Neugier und Wissensdurst.

Kapitel 6

Verbotene Freiheit(en)

Menschen ohne Empathie und Moral
sind ethisch leider so sehr verkrüppelt,
dass sie Gesetze, Vorschriften und Verbote
brauchen, um sich vor „sich selbst" zu schützen.

Grenzen oder Verbote sind nicht unsere Feinde:
Sie fordern uns lediglich heraus, über uns
hinauszuwachsen.

Die inspirierende Freiheit und Schönheit
der Natur liegt wohl darin, dass sie in
ihrem wilden Ausdruck einschränkende
Gesetze, Vorschriften und Verbote nicht kennt.

Niemand wird bedingungslose Liebe und Annahme
jemals verkörpern, wenn er nicht wie die Natur
respektvoll ohne Verbote ist.

Wenn Erfinder, Visionäre und Freidenker sich nicht über verbotene Denkweisen erhoben hätten, wäre Fortschritt niemals entstanden.

Wir sind nicht frei und leben nicht wirklich, wenn wir innerlich voller Verbote sind.

Menschen, die innerlich frei und ohne Verbote sind und äußerlich dem moralischen Kompass folgen, brauchen keine Gesetze, Vorschriften oder Verbote mehr.

Der Weg, sich über ganze Zeitalter hinaus zu entwickeln, beginnt mit der simplen Freiheit, verbotene Gedanken zu denken.

Verbote sind – in einem gewissen
Zusammenhang gesehen – der Untergang
von Freiheit, Respekt, Toleranz
und bedingungsloser Liebe.

Viele suchen die wilde und freie Natur,
wohl wissend, dass sie erlaubend,
annehmend und ohne Urteil und Verbote ist.

Ein Weiser nutzt ein System
voller Verbote, studiert seine Schwächen
und wird sich daraus zu vollkommener Weisheit
und wahrer Freiheit erheben.

Freiheit und Verbote haben ihren
Ursprung im Gedanken.

Verbote lassen Freiheit und damit
schöpferisches Denken kollabieren.

Sollten wir Menschen alles erlauben
oder alles verbieten? – Es kommt
auf den Blickwinkel und die innere und
äußere Entwicklung an!

Wenn Gott als Symbol für Schöpferkraft
tatsächlich voller Verbote wäre,
hätte es Leben in seiner wimmelnden
Vielfalt wohl niemals gegeben.

Wirklich reich und frei sind nur diejenigen,
die sich über geistige Verbote hinwegsetzen
und alles vorstellen können.

Kapitel 7

Zeitgemäße & zeitlose Gedichte

Technik der neue Gott

Technik, der neue Gott, künstliche Intelligenz,
das neue Genie – wer hätte gedacht, dass sie bringt
Schachweltmeister auf die Knie?

Kein Bedarf mehr vorhanden, um selbst zu denken;
nur Maschinen und Algorithmen, die alles steuern
und lenken.

Der Mensch jetzt weint, hat sich
überflüssig gemacht, die KI kühl erscheint,
triumphiert und mechanisch lacht.

Ameise, Krümel & „ich"

Neulich am Küchentisch
fiel ein Brotkrümel hinab, ganz frisch.
Wollt ihn gerade hochheben,
da begann er sich zu bewegen.
„Nanu, wie kann das sein?",
fragte ich beim Lampenschein.

Die Antwort war schnell gefunden;
eine Ameise wollt das Terrain erkunden.
Sie hatte ihn zielstrebig entdeckt,
meinte, dass dieser ihr schmeckt.

Doch war ich – ich gestehe – recht stur,
wollt der Ameise nehmen die Tour.
Aber die Ameise, das kleine Biest, lief
flink über den Boden, gefliest.

Beim Nachstellen rutschte ich aus;
die Ameise behielt ihren Schmaus.
Sie trug ihren Krümel hinfort
zu einem für sie sicheren Ort.

Bienenleiden

Die Bienen flogen immer hin und her,
doch seit dem Mobilfunk haben sie‘s schwer.
Denn die Bienen, das muss ich euch sagen,
können Mobilfunkstrahlung nicht vertragen,
was sogar einige Forscher beklagen.

Sie finden dadurch nämlich nicht mehr heim
– während Politik & Netzbetreiber meinen:
Das kann (oder darf?) alles nicht sein!

Workaholic im Paradies

Ausgebrannt, halbtod geschunden,
pflegt der Workaholic seine schmerzenden Wunden.
Niemals richtig zur Ruhe gekommen,
der Geist überladen, ja fast schon benommen.
Mit ganzer Kraft er sich aufrafft,
zum Arzt hinschleppt,
hoffend, dass dieser es schafft,
ihn mit guten Mitteln aufpeppt.

Doch der Körper, so unendlich weise,
spricht weiter durch Signale ganz leise:
Ein Zwicken hier, ein paar Schmerzen dort,
doch der Workaholic schiebt weiterhin all das nur fort.

Der Körper will helfen, immer stärker signalisiert.
Doch der ermüdend Schaffende all das ignoriert.
Gefangen im eigenen Gedankenkerker verdichtet
er diesen Wahnsinn immer stärker.

Letztlich kommt es, wie es kommen muss
und der Körper so weise, macht mit seinem Peiniger Schluss!
Sich ein letztes Mal vor dem Tod aufbäumend,
stirbt der Workaholic vor Wut aufschäumend.

Sich immer noch stressend, im Himmel angekommen,
wird sein Ärger von einem Engel der Weisheit vernommen.
Doch dieser schickt ihn überraschend schnell weg.
Denn mit einem Fanatiker in Berührung zu kommen,
hat auch für ihn keinen Zweck.

Der Tod – das große Mysterium

Ist der Tod das Ende oder ein Neuanfang
reibt sich der Teufel die Hände – oder ertönt dabei Engelsgesang?
Steht beim Tod eines Geliebten die Sonne deshalb nicht still,
weil es nicht wirklich geschieht oder Gott es so will?

Fühlen wir uns im Tod nur deshalb so sehr verlassen,
weil unsere physischen Sinne die Weggegangenen nicht mehr fassen?
Und können wir den Tod nur darum noch nicht verstehen,
weil unsere Augen es nicht schaffen, bis dorthin zu sehen?

Sollen wir über den Tod nicht mehr weinen, sondern nur lachen
– so wie es die Naturvölker und Aborigines machen?
Oder lieber aus tiefstem Herzen und voller Bedauern
den Verlust des Geliebten klagend betrauern?

Ist der Tod als Schlinge und aus wissenschaftlicher Sicht
nicht der Lauf der Dinge und kein Gottesgericht?
Also eher wie ein Witz und keine übliche Norm
und das Leben wie ein Blitz – wechselt als Energie nur die Form?

Können die Toten still und unsichtbar mitten unter uns weilen,
während wir schrill und gestresst zu Terminen hineilen?
Sind „Orbs“ – die kleinen Lichtbälle – auf Fotos gebannt,
Zeugen des Fortbestehens aus einem unbekannten Land?

Egal welche Mysterien es gibt, die wir noch nicht verstehen,
oder Leute, die bezeugen, die Toten wirklich zu sehen,
unsere Liebe geht ewig über all das hinaus,
überbrückt Welten in Welten und baut ein großartiges Haus.
Denn in einem liebenden Herzen wird alles überstehen,
was wir nicht mit den Augen des Körpers, sondern
aus der Erinnerung sehen.

Lebens-Gedanken

Seit ich denken kann, denke ich:
Hierhin, dahin, dorthin
– doch wohin denke ich wirklich?

Seit ich laufen kann, laufe ich:
Hierhin, dahin, dorthin
– doch wohin laufe ich wirklich?

Seit ich tätig sein kann, bin ich tätig:
hier, da und dort – einfach überall.
Doch was tue ich wirklich?

Seit ich helfen kann, helfe ich:
Diesem und jenem oder hierbei und dabei
– doch wem helfe ich wirklich?

Am Ende des Lebens, bin ich erschöpft:
Vom Tätigsein, vom Denken, vom Laufen,
und Helfen.

Von all dem müde geworden, begreife ich,
was ich wahrhaftig getan habe,
wonach ich wirklich gegriffen habe,
wohin ich tatsächlich gegangen bin
und was für ein Narr oder Weiser ich war.

Die Perle am Wegrand

Die Perle am Wegrand,
so wunderschön,
wird leider oft gern von
vielen überseh'n.

Denn unscheinbar und schlicht
bekommen wir diesen Schatz
nur in Stille zu Gesicht.

Daher kann sie nur derjenige finden,
der sich bemüht, nicht im Hamsterrad
zu Tode zu schinden.

Deshalb sei aufmerksam
und schau genau hin:
Denn die Perle am Wegrand
liegt in vielem drin.

Tränenmystik

Die Träne rollt hinab
in einen Bach, so schwer und voller Pein,
und aus dem Bauch springt sie empor,
so voller Freud. Wie kann das sein?

Der mystische Wald

Der mystische Wald,
mit Bäumen so alt,

der die Stimmen schluckt,
den Suchenden „juckt“,

denn er gibt ihm, trotz großem Fleiß,
nicht seine Geheimnisse preis.

Die unnormale Antwort

Ein alter Freund, nach langer Zeit, in einem Brief nach mir rief:
Die Frage war für ihn recht klar und kurz gestellt, im Daseinsfeld:
„Wie geht es Dir mein Großer?"

Doch Größe scheint zu uns zurück, wenn man in einen Spiegel blickt:
So antwortete ich, im größeren Licht, während ich meinte,
dass etwas Unnormales spricht:

„Als Denker bin ich, als Schöpfer kreiere ich, als Seele forsche ich,
als Suchender weine ich, als Narr leide ich, als Weiser verstehe ich,
als Kind lache ich, als Mensch diene ich und als Freund werde ich
immer mit Dir sein, wenn Du es wünschst."

Verblüfft über diese Antwort kam Schweigen zurück.
Ja, meinte mancher, der es hörte, ich sei nun verrückt.
Doch der Denker denkt eben nicht normal,
denn normal zu sein, ist für ihn eine Qual.

Wer bin „ich“?

Ich sitze und schwitze über den großen Gedanken,
an dem bereits viele Denker „erkrankten“.
Wobei die Frage, mit der ich mich plage,
ist, wer ich bin, und worin wohl läge
des Lebens Sinn?

Während ich erkenne, erahne oder sehe,
dass ich nur wenig über „mich“ verstehe,
ja, ich vieles mehr sein könnte oder bin,
wohin mich auch zieht dieses Rätsel hin.

Könnte es vielleicht noch Größeres geben,
das wir vergaßen bei all unserem Streben,
während unser Verstand zu wissen glaubt,
dass nur das Körperliche die Welt „erbaut“?

Körperliches Denken um mich herum,
von klein auf am Lenken, bis die Lebenszeit ist um;
doch physische Ereignisse kommen und gehen,
während der Denker erwacht, das Dahinter zu verstehen:

Im Vorgestern war „ich“ zu dieser Zeit dort,
im Gestern dann an einem anderen Ort,
im Heute stehe „ich“ wiederum hier
und morgen schon gehe ich durch eine neue Tür.

All das war ich, bin ich und werde ich sein.
Doch wer bin ich wirklich und wer sollte ich sein?
Denn richtig und falsch scheint eine große Illusion,
was die weisesten Weisen immer wussten schon.

Was ist es also – DAS ich tatsächlich bin, DAS mein
Leben und Streben führt zu Unfassbarem hin,
dabei alles Gewisse, Vertraute und Greifbare sprengt,
sodass mein Geist immer weniger in greifbaren Bahnen denkt?

Steckt hierin vielleicht der tiefere Sinn,
also das Erkennen von dem, was ich jenseits von
vertrauten Menschen, Orte, Zeiten und Ereignissen bin?

Schließlich ließe sich das Leben mit allem,
was ist, war und jemals noch wird,
reduzieren auf ein „Ich bin", worin
Schöpfer und Schöpfung sich nicht mehr verirrt.

Dammbruch

Bei jedem Dammbruch man sieht,
wie hektisches Treiben geschieht,
weil alles plötzlich gesprengt,
was bisher zurückgehalten und verdrängt.

Die Fluten bringen Genie, Verzweiflung und Schmerz,
ins bisher so sorglos lebende Herz.
Und – während die Leidenden voll Sorgen schauen –
die Kreativen bereits eine neue, schönere Welt erbauen.

So ist wohl die Flut, die kommt und himmelhoch springt,
auch ein Bote, der unsere wahre Natur zum Vorscheinen bringt.

Transzendenz

Des Lebens wahre Essenz
wird offenbart in der Transzendenz:

Der Tag verabschiedet die Nacht,
nach Nächten werden neue Tage gebracht.

Das Frühjahr transzendiert den Winter,
im Sommer tanzen die Kinder.

Im Herbstwind wird viel gelacht,
vom Winter die Stille gemacht.

Ein neues Jahr ersetzt wird vom alten,
Verbindungen kommen, gehen oder halten.

Der Tod wird transzendiert durch das Leben,
wovon uns Neugeborenes wird Kunde geben.

Supernova werden Sterne vernichten,
neue Galaxien erzählen neue Geschichten.

Es ist der Tanz des Lebens
von Feuer und Glut.

Selbst Stille scheint vergänglich,
da sie auf Transzendenz beruht.

Lichtermeer

Sterne, Sterne, nahe, ferne,
große, kleine, nebulöse, reine,
strahlend helle, sonnenklar,
flüchtig-schnelle, mysteriös und wunderbar.

Sterne, Sterne, Lichtermeer,
Befruchter des Geistes, Liebreiz des Verzückten,
Zauber des Beobachters, verlorenen Verrückten;
raubst mir die Sinne immer mehr.

Sterne, Sterne, Lichtermeer,
erfreust mein Herz nur allzu sehr.
Was ist‘s nur, dass mich bei dir gefangen nimmt,
während all das Unbedeutende vorüber rinnt?

Scheinst manches Geheimnis des Lebens zu kennen.
Wirst du‘s mir geben, damit die Narren
mich nicht mehr „einen Toren“ nennen?

Das blutende Herz

Das blutende Herz
will frei sein vom Schmerz,

sucht Hoffnung und Mut,
das Versprechen von „alles wird gut“

will vergessen die Pein,
verstehen den Schein,

fühlt sich verraten, betrogen,
hintergangen, belogen,

braucht Zeit und Geduld,
die Auseinandersetzung mit Schuld,

die Freiheit im Verstehen,
um in Klarheit zu sehen;

was die Zerrissenheit im Innern bereitet,
die sich wie ein Krebsgeschwür ausbreitet.

Der seelenlose Superverstand

Hoch studiert, Kernwaffen bauend,
wissenschaftlich fundiert,
nicht mit dem Herzen schauend,
politisch gelobt, nur noch
technischer Fortschritt tobt.

Die Gesamtheit des Lebens vergessen,
am reinen Wirtschaftswachstum gemessen,
Bewusstsein und Empathie im Kerker,
dafür Frequenzen immer stärker.

Künstliche Intelligenz
statt menschlicher Existenz,
utopische Waffentechnologie
braucht dies verkrüppelte Genie.

Liebe, Weisheit und Vernunft verloren;
so wird seelenloser Superverstand
geboren.

Der „Grenzfluss“

Ein Grenzfluss zieht eine
Grenze zwischen hier und dort.
Ohne diese Grenze
wäre es nur ein Fluss
und wir kämen
von hier fort.

Regenwolke

Regenwolke, anmutig,
verdunkelst heut das Licht.
Frische bringst Du übers Land
und in mein Gesicht.

Keime, Saat und Erntegut
lässt nur Du gedeih'n.
Bringst Hoffnung und erfrischend Mut,
verdrängst der Dürre Pein.

Regenbogen zauberst Du
am Himmelsfirmament,
bis die Sonne Dich besiegt
und alles Dunkle trennt.

Rätselhaftes „ICH WILL"

Ich will leben, sagt der Verurteilte im Todestrakt,
ich will vergeben, der Kundige zum Bibelakt.

Ich will forschen, sagt der Entwickler,
ich will verbinden, der Vermittler.

Ich will kämpfen, sagt der Krieger,
ich will unterwerfen, sagt der Sieger.

Ich will mehr Geld und Macht,
sagt, wer Börsengeschäfte macht.

Ich will ins All, sagt der Kosmonaut,
ich will zerstören, wer Waffen baut.

Ich will dichten, sagt der Dichter,
ich will richten, sagt der Richter.

Ich will Freunde, sagt der Einsame,
ich will ein Kind, der liebend Zweisame.

Ich will loslassen und einfach nur sein, sagt der Weise,
ich will lernen, das Kind, wortlos, mit Blicken so leise.

Ich will Leute zum Lachen bringen, meint der Clown,
ich will einfach nur machen, der Ruhelose beim Basteln und Bau'n.

Ich will musizieren, sagt der Pianist,
ich will studieren, der Student, der auf der Schulbank sitzt.

Ich will Großes entscheiden, meint der Mensch in der Politik,
ich will Menschen meiden, der wie ein Einsiedler blickt.

...

Dies alles und noch tausendfach mehr
begehrt ein Wollender sehr.

Ja, sogar DIE, die sagen, „Willen und Wollen" gibt es nicht,
WOLLEN den Willen verneinen im größeren Licht.

DAS LEBEN als Basis scheint nur ins WOLLEN verliebt,
weshalb es nicht urteilt, sondern auch ALLES gibt.

So liegt es an uns, ob das „GROSSE, KLEINE – ICH WILL –",
so leise und still,
uns führt in den Untergang
oder als Basis von allem begründet den Neuanfang.

Not macht erfinderisch

Wer vor einer großen Herausforderung steht,
wird sehnsüchtig suchen, nach einem möglichen Weg.
Emsig wird nun in Bereichen gedacht,
über die man sich sonst niemals Gedanken macht.

Selbst alte Freunde und Bekannte werden konsultiert,
die der Herausgeforderte – ohne Sorgen – sonst immer ignoriert.
Doch die Not, sie zwingt uns über uns hinauszuwachsen
und lässt alte Regeln wie Seifenblasen platzen.

Und siehe da, man glaubt es kaum,
fangen Ideen an zu keimen im Gedankenraum.
Letztlich findet der Leidgeplagte doch einen Weg,
sodass das Leben auch für ihn weitergeht.

Doch ist es nicht wundersam, dass der Mensch erst das
Leiden braucht, bevor er in einen Ozean aus Potenzialen
und Ideen taucht?

Ideenflut

Ideen gibt es viele
und auch hohe, edle Ziele.
Doch dann kommt das Leben
und durchkreuzt geplantes Streben.
Führt uns komplett woanders hin,
weshalb verwirrt „ich“ bin.

Sitze dann und grüble
im kleinen Denkerstüble.
Was das nur alles soll,
denn Verwirrung ist nicht toll.

So müssen wir entscheiden,
wo möchten wir gern bleiben,
was wollen wir gern haben,
um uns daran zu laben.

Denn Ideen sind zwar gut,
doch nicht davon die Flut.

Aber Leben heißt auch Werden
trotz menschlicher Beschwerden.
Heißt machen und flexibel sein,
drum lass ich mich drauf ein.

Wird sich schon alles finden
wie Türen für den Blinden,
der manchmal gar nicht sieht,
was plötzlich so geschieht.

Der Weise lernt durch Machen,
auch wenn viele drüber lachen.
Die sind so voller Groll,
weil Verwirrung ist nicht toll.

Ideenflut, Ideenglut, Ideenmut
Ist alles schön und gut.
Doch Mensch, ich sage Dir,
sei auf der Hut!

Freigeister

Hängst Du am Lebensdraht
oder bist Du ein Drahtzieher?
Übst Du Dich im Lebensspagat
oder als Gebieter?

Knüpfst Du Fäden aus Ruhm, Reichtum und Macht
oder die des Freigeistes, der darüber lacht?
Der bei Verlust nicht weint oder schwitzt,
weil er ein Universum an Vorstellungskraft besitzt.

Besitzt Du den Reichtum oder wirst Du von ihm besessen,
dem großen Unterschied, an dem sich gern Freigeister messen.

Der Freigeist knüpft nämlich keine Fäden im illusionären Schein.
Sonst würde er letztlich kein Freigeist mehr sein.

Doch lehnt er Fülle und Wohlstand nicht ab.
Denn seine Reise umarmt alles, führt
auch in die Materie hinab.

Gedankenkraft

Eine „Welt“, die denkt, ihr Schicksal lenkt.
Einer Welt in Denkernot großes Unheil droht.

Der Kammerjäger

Der Kammerjäger, jagt in seiner Kammer,
es ist ein Jammer, bis zur Erschöpfung hin und her.
Denn loszulassen fällt ihm schwer.

Das unfassbare Lied

Das unfassbare Lied sieht,
was diesseits und jenseits geschieht.

Das unfassbare Lied lacht,
wenn ein Mensch zu Größe erwacht.

Das unfassbare Lied singt,
wenn kreativer Genius schwingt.

Das unfassbare Lied weint,
wenn der Mensch sich mit ihm nicht vereint.

Das unfassbare Lied wartet,
dass die Sehnsucht zu ihm startet.

Das unfassbare Lied gibt,
weil es alles Leben liebt.

Das unfassbare Lied spricht
sogar durch dieses Gedicht.

Kleine Flamme, großes Licht

Kleine Flamme, großes Licht,
hör mein Sehnen, das jetzt spricht.

Gib mir Wissen, lass mich werden,
den Himmel küssen hier auf Erden.

Möchte Deine Wahrheit seh'n,
um den rechten Weg zu geh'n.

Kleine Flamme, großes Licht,
sei das Einzige, was zu mir spricht.

Denn die Welt, sie scheint von Sinnen,
will dem Trugschluss nicht entrinnen.

Kleine Flamme, großes Licht,
reiß die Masken vom Gesicht.

Lass mich schauen, was dann ist,
möcht verstehen, was Du bist.

Denn ich sehe, rein und klar,
kleine Flamme, großes Licht:
Nur Du bist wahr!

Kapitel 8

Wortspiel-Emotionen

Weckruf des Geistes

Mensch sei …
– nicht der Unwissende, sondern der Eingeweihte.
– nicht der Schlafende, sondern der Erwachte.
– nicht der Träumer, sondern der Kreative.
– nicht der Zerstörende, sondern der Erbauende.
– nicht der Träge, Untätige, sondern der Aktive, Tätige.
– nicht der Redner, sondern der Macher.
– nicht störrisch wie ein Esel, sondern hingebungsvoll wie die Natur.

Sei wieder eins
mit dem Leben und das Leben wird eins sein mit Dir.
– Vögel werden sich an Deiner Seite niederlassen
und ihr wundervolles Lied für Dich singen.
– Bienen werden im Übermaß für Dich Honig machen.

– Bäume Dir wunderbaren Schatten spenden,
– Dich einladen, an einer erfrischend kühlenden,
ewig sprudelnden Quelle Rast zu machen,
welche Dich mit makellosem Wasser verwöhnt …

Mensch sei
kein Narr mehr, sondern ein Weiser.
Sonst wirst Du nirgendwo mehr Frieden finden,
dich an keinem Baum und keiner Quelle mehr niederlassen können,
nirgendwo mehr Honig finden oder blühende Wiesen
und singende Vögel, die Dich mit ihrem Lied erfreuen.

– In keiner Galaxie, auf keinem fernen Planeten,
da Du das, was Du bist, an jeden Ort mitnimmst,
egal, wohin Du auch gehst …

Deshalb
überlege gut Mensch – und sei weise.
– Achte auf die Zeichen und Auswirkungen Deines Tuns,
egal wie klein oder groß sie auch sind und noch sein mögen.
– Achte auf die Größe Deiner Lasten und Belastungen,
die Du physisch und geistig mit Dir trägst,
den Sinn und Unsinn, den Du vollbringst,
die Tiefe der Spuren und Fußabdrücke,
die Du täglich hinterlässt …

Mensch, ich flehe Dich an,
so wie die immer mehr
verstummenden Vögel Dich anflehen.
– Wach auf aus Deinem Tiefschlaf,
Dich getrennt und isoliert vom Leben,
aber auch uneins mit Dir selbst zu sehen!

– Folge nicht mehr der maßlosen Gier,
die nach einer Million Planeten trachtet,
die Du Dir untertan machen möchtest,
weil Du davon noch nicht erfüllt sein wirst.

– Mache Dir nicht die Planeten untertan,
sondern stelle sie neben Dich
als Partner und Freund.

– Folge nicht dem kalten herzlosen Verstand,
der nicht an das Morgen denkt.
– Folge dem uneigennützigen Herzen,
das wie die Natur genügend Fülle für alle bietet.
Das im ewigen Kreislauf kein unwissendes Gestern
und kein sorgenvolles Morgen kennt.

Folge nicht
der Spur des Geldes, sondern der Spur des Windes,
der die Klänge der Ewigkeit im Morgengrauen mit sich bringt.
Statt dem Lärm Deiner Bohrer und Bagger,
die sich immer tiefer in die Erde graben
und keinen Platz mehr für die Vielfalt
und den Ausdruck des Lebens lassen.

Bau Dir nicht eine Welt aus Beton,
sondern eine Welt aus flexiblen Möglichkeiten.
– Denke nicht nur an Dich, sondern auch an Deine Kinder.
Was sollen sie essen, wenn es keine Felder mehr gibt?
Was sollen sie trinken, wenn die Bäche und das Grundwasser versiegen?
Mit wem sollen sie spielen,
wenn es kein Leben und keine Möglichkeiten mehr gibt?

Mensch bitte sei
kein Narr, sei nicht steril,
sondern lebendig und geerdet.
– Lauf barfuß über eine blühende Wiese
und Du wirst weniger Krankheiten kennenlernen.

– Lerne vom Mut und der Kraft einer Ameise,
statt sie zu Tode zu sprühen.
– Lerne vom Fleiß und Teamgeist der Bienen,
fürsorglich füreinander da zu sein.

– Lerne vom Tanz der Mücken,
das Leben mit Leichtigkeit, statt mit Mühsal und Qual zu nehmen.
Verbunden mit der alles durchdringenden Lebenskraft,
statt isoliert und abgeschottet voller Depressionen
hinter schweren Türen lebend mit Angst
vor Deinem Nachbarn in einer lieblosen Stadt.

Mensch denke nach und sei weise,
sonst wird es kein Morgen mehr für Dich geben,
auf das Du Dich freuen und worüber Du Pläne schmieden kannst.
– Kein Wasser, das Du trinken, womit Du Dich beleben,
mit dem Du all den Schmutz von Dir fortspülen kannst.

Mensch sei
achtsam und halte inne.
Beginne zu überlegen und Dich nicht mehr
wie ein Roboter durch das Leben zu bewegen
– von A nach B, lachend und springend, feiernd
und singend, während draußen vor Deinem Fenster
immer mehr Leben kämpft und stirbt,
ums nackte Überleben ringend!

Was nützten
Dir all die Spiele, wenn es keinen Spielplatz mehr gibt?
Oder keine Kinder, die spielend darauf umhertollen?
Was nützt Dir aller Reichtum und alle Macht,
wenn es letztlich nichts mehr gibt, wofür Du diesen ausgeben kannst?
Oder niemanden, über den Du herrschen kannst?

Du meinst, dazu wird es niemals kommen?
Doch hast Du Dich einmal gründlich umgesehen?
Du meinst, der Mensch wird schon irgendetwas erfinden?
Doch was erfindet er oder auch Du?

Wenn Du nur lebst, wie alle leben,
und nicht darüber nachdenkst, etwas zurückzugeben,
dann kommt irgendwann nichts mehr zurück!
Denn nur zu nehmen, ist nicht gesund: Schau zur Natur,
ich erzähl keinen Schund!
Denn dort ist das, was genommen und gegeben wird,
mit Sicherheit ein viel heiligerer Ort!

Mensch sei …
deshalb nicht stur und leiste einen Schwur.
– Dass DAS, was von nun an genommen und gegeben wird,
alles Leben verschönert und nicht zerstört diesen Ort!

– Lass das wirkliche Leben Dein Lehrmeister sein
und halte mit Deiner besser wissenden Überheblichkeit ein!
– Suche nach Wegen und Lösungen und Du wirst diese finden,
wirst auf einmal erleben, wie all die Probleme verschwinden.

Danke …
für Dein Gehör, doch nun schreite zur Tat.
Denn bei all dem Malheur gab es schon manch guten Rat.
Manche Erfindung, welche die Erde nicht „killt“,
sondern den Durst des Lebens nach Harmonie stillt.

Auch Du kannst schon heute ein Teil davon sein,
ein Freund der Erde, in all ihrer Pein.
Statt ein abhängiger Konsument, der nicht erkennt,
wie er alle Ressourcen des Planeten verbrennt.

Und deshalb wohl erst zu handeln beginnt,
wenn das Blut aus seinen erkalteten Adern rinnt.
Schließlich ist alles verbunden im größeren Licht,
weshalb der Zustand des Planeten letztlich nur
von unseren Taten spricht.

Verbannung (dem Leben gewidmet)

Verbanne den Flüsterer, der Dich im Herzen verwirrt,
weil Deine Seele sich durch ihn im Chaos verirrt.

Verbanne, was Dich im Denken niederzieht,
weil im Dunkeln nur selten etwas Lichtvolles geschieht.

Verbanne all jenes, was Dir Schmerzen zufügt,
weil das Leben Dich sonst um seine Schönheit betrügt.

Verbanne den Glauben, es gäbe kein Licht,
weil Weisheit auch durch Schmerz zu Dir spricht.

Verbanne die Vorstellung, dass das Leben Dich nicht liebt,
weil dieser großartige Spiegel Dir nur Deine Gedanken gibt.

Verbanne alle Sichtweisen, die lediglich Trennendes kennen,
weil nur in Einheit gedeiht, was wir Wachstum nennen.

Verbanne all DAS und blas es hinfort
und verwandele Deine Welt in einen wunderbaren Ort.

Technologie – Fluch oder Segen?

Technologie beeinflusst immer mehr unser Leben,
vielleicht tiefer, als wir es selbst gern zugeben.
Denn ohne Technik, Wirtschaftswachstum und dieses Streben
kann oder möchte wohl niemand mehr leben?

Das Handy und der Computer sind immerfort an.
Das lernt jedes Baby meist, bevor es laufen kann.

Fortschritt und Technologie lassen uns nach den Sternen greifen,
mit Robotern und Satelliten bereits über ferne Planeten streifen.
Roboter haben wir uns auch für den Alltag ausgedacht
und durch Elektrizität die Nacht zum Tag gemacht.

Wobei wir dann oftmals bis zu später Stunde
an Playstation, Fernsehern, Computern sitzen,
spielend mit der Technik so manche Runde
bis unsere Augen rot blitzen.

Da unsere Kinder nun wachsen mit dieser Technologieflut auf
nimmt „Evolution“ bereits hier einen seltsamen Lauf.
Denn selbstvergessen, ja, fast schon besessen,
rufen wir gewohnheitsbedingt ständig nach Neuem und Mehr.
Während all die viele Technik unser Leben
aber macht auch mühselig und schwer.

Denn ausfallen darf sie um Gottes Willen nicht,
weil weder wir noch unsere Wirtschaft dann stehen im Licht!
Wir könnten keinen globalen Handel mehr treiben
oder uns amüsieren, während wir virtuelles Guthaben
auf virtuelle Konten schieben und schreiben.

Technologie ersetzt unser reales Leben,
lässt Wissenschaftler als „höchstes Ziel“ künstliche Intelligenz anstreben.
Vielleicht wird es eines Tages mehr Roboter als Menschen geben?

Und während echte Bäume und Bienen
durch Mobilfunkmasten sterben,
meinen jubelnd unsere Wissenschaftler,
dass ihre Aufgaben dann künftig Roboterbienen
übernehmen könnten oder werden.

Denn Fortschritt darf nicht aufgehalten werden,
auch wenn – ich wiederhole mich –
dann unsere Bäume, Bienen und Tiere daran sterben.

Vielleicht werden wir als Weltraumtouristen
bald zu den Sternen aufbrechen
und darüber all die irdischen Schmerzen vergessen.
Doch vielleicht wird neben dem Nanotechnologie-Essen
all das sich auch dort noch bitterlich rächen?

Denn wir können mit Technologie tatsächlich ein neues Zeitalter
und Wohlstand für alle einläuten, jedoch auch immer gezielter
und effektiver die Rohstoffe ganzer Planeten ausbeuten.

Was werden wir also – als unser Erbe – unseren Kindern
hier oder im Weltraum hinterlassen,
wenn wir mit unseren Händen immer öfter
nur noch nach immer mehr Technologie,
Vergnügen und Reichtümern fassen?

Letztlich ermöglicht die Technologie, die wir lieben,
dass wir „alles“ bekommen könnten oder haben;
sogar aus dem Reagenzglas nach Belieben
ein Mädchen oder Knaben.

Doch Technologie hat leider auch ein dunkles Gesicht,
wovon manch Strahlenwaffe oder Kernexplosion
hier bereits Bände zu uns spricht.

Trennung

Trennung, das ist kein Scherz,
ist wahrlich der größte Schmerz.

… Denn sie versklavt Frauen und Kinder
und macht gesunde Augen für den
Zustand der Welt immer blinder.

… Lässt Superreiche nach noch mehr Reichtum
streben, während Millionen oder Milliarden
am Existenzminimum leben.

… Brüder und Schwestern voll Misstrauen schauen
oder herzlose Wissenschaftler Atomwaffen bauen.

… Nachbarländer Krieg miteinander führen
und unzählige Kinder den Verlust
der Eltern spüren.

… Menschen in gnadenlose Konkurrenzsucht
verfallen oder mit großer Härte aufeinanderprallen.

… Uns über den Verlust eines geliebten zu Tode stürzen
oder unbarmherzig Löhne oder Gehälter kürzen.

… Eifersüchtig übereinander wachen;
ängstlich, jemand könnte etwas
besser machen.

… Lehrt uns kluge Leute nicht ernst
zu nehmen, sich faul auf dem Sofa
zurückzulehnen.

… Alle als Spinner und Dummkopf verfluchen,
die uns voll Liebe aufzuwecken
versuchen.

Deshalb wird alles Liebe und Schöne
vermisst, dort, wo die Trennung ist.

„Gut oder schlecht?"

Ist eine Spinne hässlich oder schlecht,
wenn sie ihr kunstvolles Netz spinnt,
worin der Morgentau glitzert,
um darin einen unachtsamen, „wunderschönen"
Schmetterling zu fangen? Oder eine Künstlerin?

Ist ein Schmetterling „gut und besser", weil er
über dem Boden schwebt und uns mit seiner Farbenpracht
und Lebensreise von der hässlichen Raupe
bis zu seiner Verwandlung inspiriert?

Sollen wir eine Schlange aufgrund ihrer Eleganz,
sich ohne Beine fortzubewegen, bewundern
und als „schön" empfinden oder als „hässlich" bezeichnen,
nur weil sie Giftzähne zur Verteidigung und Nahrungsbetäubung
besitzt?

Ist es schlecht, wenn ein Kind auf die heiße Herdplatte fasst
und dadurch zu unterscheiden lernt, was weh tut und was nicht?
Kann Weisheit ansammeln und sich fortentwickeln „schlecht" sein?

Was ist „gut und schlecht",
wenn es in der Natur der Dinge keine Werturteile gibt?
Könnte es sein, dass diese Schubladen nur Illusionen sind?

Ist Krieg schlecht, weil dadurch Völker und Weltgemeinschaft
wieder harmonischer miteinander zu leben und das,
was nur im Frieden und Miteinander gedeihen kann,
besser zu schätzen lernen?
Sollten wir dem Krieg als schrecklichen Boten dafür letztlich nicht
dankbar sein?

Beginnt Krieg nicht zuerst im Gedanken, dann in Worten und
später in Taten?
Und sind Gedanken, Worte und Taten dann allesamt „schlecht"?

Was wäre mit Monstern wie Hitler geschehen,
wenn sie nicht von ihrem Vater als Kind halb tot
und ohnmächtig geprügelt worden wären,
sondern bei Mahatma Ghandi aufgewachsen wären
und das Leben zu respektieren und lieben gelernt hätten?
Wäre das „gut und besser" für die ganze Welt gewesen?

Sind es nicht wir, die wir den nächsten Generationen
all das in unseren Augen „Gute und Schlechte" anerziehen?

Ist der hohe Norden „schlecht",
weil er so eisig kalt und der Sonne
am weitesten abgewandt ist?
Und der tropische Süden „gut",
weil es dort warm, viele Früchte,
aber eben auch viele Moskitos gibt?

Ist ein Moskito „schlecht", weil er von Blut und nicht
von Gemüse und Sämereien lebt?

Wer entscheidet in unseren Köpfen,
was gut und was schlecht ist,
wenn es in der Natur nur Ausdruck gibt?
Und wer oder was ist diese geheimnisvolle Angst,
die scheinbar alles Leben kontrolliert?

Ist hohe Bildung „gut“, weil sie uns erlaubt,
„hässliche Atomwaffen“ zu bauen oder die Erde und
den Mond noch „besser“ auszubeuten, um auch dort
noch alles Leben zu vernichten?

Ist ein einfacher Bauer „schlecht“, nur weil er sich nicht so
perfekt und wortgewandt artikulieren kann? Aber dafür
das Land, von dem er lebt, unermesslich liebt?

Geht es uns im Leben wirklich darum „gute Sprache“ zu
entwickeln, statt tiefer Liebe, weil wir in unserer Überheblichkeit
meinen, dass DAS so „besser“ für unsere Karriere ist?

Was geschieht mit einer Welt, die immer „besser“ in Sprache
und körperlichem Ausdruck wird, aber sich immer mehr
von Liebe, Mitgefühl und Toleranz entfernt und dadurch roh,
hart und intellektuell überheblich wird:
Maschinen gleich, die autonome Waffensysteme brauchen,
um „besser“ leben und töten zu können?

Sind autonome Waffensysteme „gut oder schlecht“,
weil sie wie eine neue Obstsorte einfach Ausdruck
unseres Denkens und Erfindungsreichtums sind?

Und wäre es nicht „gut oder besser“, zuallererst die
Welt von „schlechten Gedanken“ statt von Atomwaffen
zu befreien?

Ist es „gut oder schlecht“ vor manchen Dingen Angst zu haben,
obwohl es Angst als physisches Wesen gar nicht gibt,
sondern lediglich als uralten Überlebensinstinkt?

Sollten wir eine Ratte bewundern und als „hässlich“ empfinden,
weil sie als Krankheitsüberträger gilt? Wo sie doch viel „besser“
ausgestattet ist, sich in einer Welt voller Atomwaffen anzupassen?
Oder wäre es „gut“, sie vielleicht als Lehrer und Überlebenskünstler
zu betrachten?

Was ist „gut oder schlecht“ und „schön oder hässlich“
in einer Welt, in der die Sonne auf einen toten Baum
wie auf einen lebenden in gleichem Maße scheint?

Könnte es nicht sein, dass „gut und schlecht“,
„richtig und falsch“, „schön und hässlich“
lediglich eine Erfindung des Menschen ist?

Und während unsere Kinder die Welt
noch nicht in „gut und schlecht“ einteilen,
sondern staunend in einer Pfütze spielen,
dabei lachen und das GROSSE GANZE sehen,
sind wir eifrig dabei, ihnen bald die Trennung
von „gut und schlecht“, „schön und hässlich“,
„hoch und niedrig“ beizubringen.

Damit sie die Welt wie wir betrachten
und einem „Wesen namens Angst“ zu folgen lernen,
worin dann alles „Gute oder Schlechte“ in uns
und um uns seinen Anfang nimmt.

Morgen-Erwachen

Licht und Schatten fällt auf diese Welt –
bricht etwas Neues hervor, oder regiert
bald nur noch das Geld?

Werden es unsere Kinder schwer haben zu überleben
oder können wir Ihnen noch sinnvolle Antworten
zur Gestaltung der Zukunft geben?

Haben wir im Alltag dafür überhaupt noch die Zeit
oder sind wir selbst hierfür noch gar nicht bereit?

Viele Jahre habe ich gesucht, mich abgeschunden
und bei der Fülle an Informationen
manch wichtige Antwort gefunden.

Jetzt sehe ich das Alte sterben und gehen,
aber auch überall bereits Neues entstehen.

Spüre, wie sich Ereignisse immer mehr überschlagen,
unmöglich das alles vorherzusagen,

Doch für einen groben Überblick gibt es genug zu berichten,
sodass sich die Schleier der Unwissenheit klären und lichten.

Wo wir in naher Zukunft dann wirklich stehen,
werden wir letztlich an unseren heutigen Entscheidungen sehen.

Fetzen-Jeans (Beobachtungen)

Ein junges Mädchen in Fetzenjeans kam
und eine Reihe von Leuten spricht sie dazu bald an:

„Kannst Du Dir keine ordentliche Kleidung kaufen,
statt in zerschlissener Kleidung herumzulaufen?“,
meinte eine alte Dame mit Kleidung perfekt,
die beim jungen Mädchen diesen Mangel entdeckt.

„Es ist modern“, entgegnete ruhig das Mädchen
und ging einfach weiter, sein Ziel war das Städtchen.

„Kann ich Dir helfen?“, fragte etwas später
ein besorgter Polizist. Denn ein junges Mädchen
– ähnlich gekleidet – wurde gerade vermisst.

„Nein, alles ist gut“, meinte wieder das Mädchen
und folgte seinem Weg zu Freunden im Städtchen.

„Stimmt mit unserer Gesellschaft irgendetwas nicht,
weil alles, was wir tun, vom kollektiven Unterbewusstsein spricht?“,
konnte ein Psychologe seine Frage nicht lassen.

„Es ist nur die Mode!“, begann nun das junge Mädchen
immer lauter seine Antwort in Worte zu fassen.

„Guck mal Mami, die Hose von dem Mädchen ist zerrissen“,
wollte bald darauf fragend wie staunend ein kleines Mädchen wissen.

„Das ist heute die Mode“, sagte das Mädchen dazu.
Ja, schrie immer lauter: „Und jetzt lasst mich alle in Ruh!!!“
Denn langsam genervt, Begründungen zu verfassen,
begann sie allmählich ihre Fetzenjeans zu hassen.

Doch bei den Freunden dann endlich angekommen,
wurde ihr großes Lob für ihre Fetzenjeans zugesprochen.
Denn dort war es Kult, nicht mehr perfekt zu sein,
und ein Dichter dichtet darüber einen kleinen Reim.

„Besinnliche" Weihnachten

Weihnachten, so sagen mir viele Leute,
sei ein Fest der Liebe und besinnlichen Freude.
In der Tat ist jetzt alles recht nett und bunt geschmückt,
sodass es jede Künstlerseele entzückt.
Und engelsgleiche Chöre stimmen manch wundervolles Liedlein ein,
während die Luft erfüllt ist vom süßen Tropfen glühenden Wein …

Doch wenn ich beobachte,
wie viele Menschen hier oder dorthin laufen und fluchen,
weil sie hektisch-gestresst angeblich noch schnell,
schnell das Besinnliche suchen,
dann frage ich mich ernsthaft:

Wo ist hierbei der süße, gemütliche Weihnachtskuchen geblieben,
den alle Menschen doch marktschreiend verkündend so innig
suchen und lieben?

Denn sogar an den Kassen schreien sich jetzt viele Leute an,
weil keiner dem anderen mehr den Vortritt geben kann:
Mit angespanntem Gesicht können sie einander nicht mehr leiden,
weshalb diese Gehetzten mit gefüllten Einkaufsbeuteln
zornig voneinander scheiden.
Auch Eltern scheinen jetzt mit ihren Kindern
noch weniger Geduld zu haben,
dabei sind Kinder doch nur Kinder – eben Mädchen und Knaben
…

Geduld scheint besonders zur so heiligen Weihnachtszeit verpönt,
während neben Weihnachtsmusik aus dem Lautsprecher
im Supermarkt ertönt:
Heute sei Schweinespeck im Weihnachtssonderangebot.
Wobei gleichzeitig am Postschalter von der Weihnachtsbriefflut
der pure Notstand droht.
oder bei Scheidungsanwälten immer zu Weihnachten eine Zeit ist
von höchster Not …

Selbst Autos scheinen zur Weihnachtszeit noch hektischer
und schneller als sonst zu sein.
Jeder Besucher und Gast will eben hier oder dort
kurz noch wo rein.
Als hätten sie alle jetzt doppelt so viel zu tun
und noch weniger Zeit, besinnlich zu sein
und auch einmal auszuruh'n …

Doch sind Menschen, die so handeln, nicht Narren und Toren
und geht bei all der Eile nicht etwas Wichtiges verloren?
Könnte Weihnachten nicht ein echtes Fest
voller Freude und Schönheit sein,
bei dem wir all diese Kleinlichkeit besiegen
und etwas Heiliges kehrt ein?

Danksagung

Danke Euch allen, die Ihr lebt, liebt und strebt und noch das Große im Kleinen seht.

Oder auch Euch, die Ihr Freude an meinen Worten findet und Euch damit mit größeren Gedanken verbindet.

Dank aber auch Euch, die Ihr zur Entstehung dieses Werkes beigetragen habt, und natürlich auch Euch, die Ihr Euch über meine schlichte Wortwahl beklagt.

Denn alles in allem spiegelt es unser Leben und dafür möchte ich diesem aber auch Euch allen diese Danksagung geben.

Der Autor

Weitere Titel

Vom Autor sind bereits folgende Titel erschienen:

Maik Lindner
Band 1: Gedichte, Gedanken & Weisheiten eines unbekannten Dichters, Denkers & Philosophen

Taschenbuch: 141 Seiten
Preis: 14,99 €
ISBN: 978-1688366688

E-Book, 7160 KB
Preis: 4,99 €
ASIN: B07X5C9V7R

Das erste Werk des Autors beinhaltet Gedichte, Weisheiten, Aphorismen und Sinnsprüche aus über 15-jähriger praktischer, geistiger und physischer Arbeit in unterschiedlichen Situationen und sozialen Tätigkeitsfeldern: Das kleine Juwel mit inspirierenden Denkanstößen entstand durch Nachsinnen, Beobachten und Erfahren einer geistigen Realität, die sich oftmals dem gewöhnlichen Alltag entzieht.

Maik Lindner
Band 2: Weisheiten eines unbekannten Dichters, Denkers & Philosophen,

Taschenbuch, 81 Seiten
Preis: 8,99 €
ISBN: 978-1691673193

E-Book, 6915 KB
Preis: 3,99 €
ASIN: B07XYYQHZC

Der zweite Teil dieser Weisheitsreihe entstand während der Arbeit an Band 1. Er rundet diesen durch viele weitere, tiefsinnige Gedanken zu verschiedenen Grundthemen des Lebens & Daseins in Aphorismenform ab, setzt aber auch die schon im ersten Buch angedeutete Suche nach Grenzenlosigkeit und Freiheit im Dasein fort.

Maik Lindner
Band 1: Närrisch oder weise?
Vierzehn denkwürdige Geschichten über den Sinn und Unsinn des Lebens und eine verrückte Spezies namens Mensch,

Taschenbuch, 156 Seiten
Preis: 11,99 €
ISBN: 978-169372658

E-Book, 6617 KB
Preis: 4,92 €
ASIN: B081H1SYLP

Dieses kleine Buch mit inspirierenden Anekdoten regt zum Nachsinnen an über das närrische Treiben, Suchen und Schaffen von uns Menschen. Versteckt und verpackt in kleinen Erzählungen nimmt der Autor in teilweise ironischen, zynisch-lustigen oder geistvoll-berührenden Episoden den Leser mit auf eine faszinierende Reise hin zu illustren, fantastischen, geschichtsträchtigen Orten und Geschehnissen, wie auf spielerische Art & Weise auch hinein, mitten ins Herz der Entdeckung seiner selbst.

Maik Lindner
Band 2: Närrisch oder weise?
Neunzehn weitere denkwürdige Geschichten über den Sinn und Unsinn des Lebens und eine verrückte Spezies namens Mensch,

Taschenbuch, ca.130 Seiten
Preis: 11,99 €
ISBN: 9798848030068

E-Book, 13371 KB
Preis: 4,99 €
ASIN: B0BCL5MF7B

Auch im zweiten Band dieser Anekdotenreihe versteckt der Autor große Weisheiten in kleinen Episoden, die wohl das Leben selbst oder zumindest seine überschäumende Fantasie geschrieben hat. Lassen Sie sich auch hierin wieder recht kurzweilig und unterhaltsam entführen in eine faszinierende Entdeckungsreise hin zu illustren, fantastischen Orten und amüsanten Geschehnissen und bei all den Abenteuern auch ein Stück weit ins Herz der Entdeckung Ihrer selbst.

Über den Autor

Maik Lindner (geb.1968) ist Denker, Dichter, Naturfreund, Philanthrop und Liebhaber all jener tiefen, inspirierenden Momente, Gedanken oder Erfahrungen, die über den Alltag hinausführen.

Mit 18 Jahren schrieb er erste Gedichte – inspiriert durch die erste Liebe, später durch die Liebe zum Leben und einer bunten Lebensreise, in der sowohl Fassbares und Unfassbares seinen Platz fand.

Im August 2019 erschien sein erstes Werk „Gedichte, Gedanken & Weisheiten eines unbekannten Dichters, Denkers und Philosophen" worin er über viele Jahre gesammelte Gedanken als bis dahin noch unbekannter Schriftsteller in Buchform veröffentlichte. Einzelne Gedichte hieraus erschienen in der weltweit international vernetzten Frankfurter Bibliothek des zeitgenössischen Gedichts.

Nach seinem schriftstellerischen Debüterfolg erschien innerhalb kurzer Zeit ein zweiter Teil und ein erster Belletristik-Kurzgeschichtenband mit fantasievollen Anekdoten zum Sinn und Unsinn des Lebens.

2020 wagte er den Schritt in die für ihn bis dahin unbekannte Welt der Sachbücher und veröffentlichte aus seinem reichen Erfahrungsschatz ein erstes Werk mit dem Thema 5G Mobilfunknetze, das von Wissenschaftlern und Fachkundigen große Beachtung erfuhr und als lesenswertes Grundlagenwerk für den Experten oder Laien mit wichtigen, auch philosophischen Gedanken gelobt wurde. Im November 2021 wurde sein Sachbuchdebüt auf der iENA-Erfindermesse Nürnberg von Prof. Mladen Karic, Vizepräsident des Europäischen Erfinderverbandes mit dem ASPA-Innovations-Preis geehrt. Im August 2022 erschien es erstmals in Englisch.

Im September 2024 erhielt der Autor den KIT-Medienpreis für seine unermüdliche Arbeit in den Bereichen Zukunftsforschung und neue Ideen/ Lösungsansätze u.a. für Ökologie, Energiefragen, Bevölkerungswachstum … , womit seit 2000 mutige, engagierte und innovative Menschen mit einer besonderen Biographie jährlich als Vorbilder vom Netz innovativer Bürgerinnen und Bürger (NiBB) ausgezeichnet werden.

Mit diesem Werk kehrt der im Raum München lebende Denker und Philosoph nun zu seinen Wurzeln zurück und setzt seine bunte Reise als aufblühende „Schriftstellerseele“ fort.

Printed in Poland
by Amazon Fulfillment
Poland Sp. z o.o., Wrocław

46917609R00068